AF224219

DISCOURS

SUR

SAINT-PIERRE, MARTINIQUE

Par Charles IMBERT

du Prêcheur (Martinique)

PARIS

IMPRIMERIE F. LEVÉ

17, RUE CASSETTE, 17

1902

DISCOURS

SUR

SAINT-PIERRE, MARTINIQUE

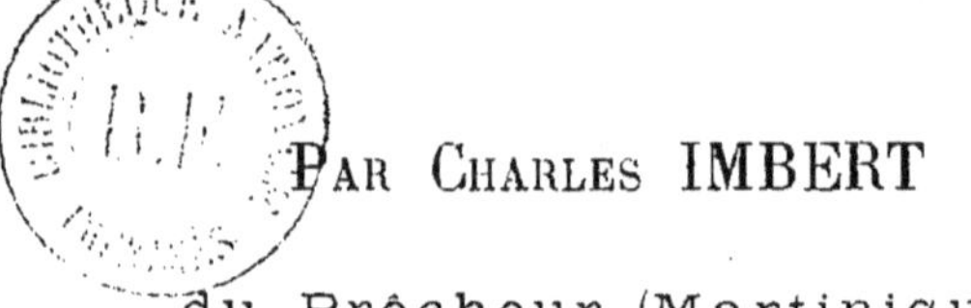

Par Charles IMBERT

du Prêcheur (Martinique)

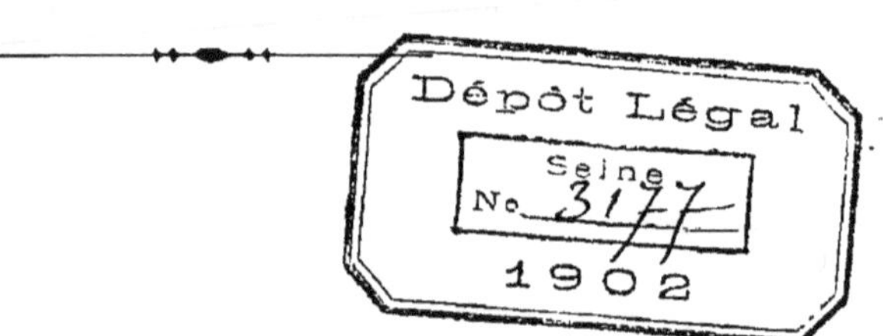

PARIS

IMPRIMERIE F. LEVÉ

17, RUE CASSETTE, 17

—

1902

DISCOURS

SUR

SAINT-PIERRE, MARTINIQUE

Par Charles IMBERT

du Prêcheur (Martinique)

———

Mesdames,
Messieurs,

. . . .
. . . .
. . . .

N'ayant, depuis tantôt deux mois, aucune confiance dans ma mémoire, il m'a bien fallu prendre le parti de lire ce que je veux vous dire.

Je sollicite, de vos esprits et de vos cœurs, cette attention qui fortifie la parole. Je veux que peu de mots expriment beaucoup de pensées et, surtout, beaucoup de sentiments.

Je vais remuer une lame dans notre plaie ouverte; mais j'ai l'assurance que ce besoin violent de mon cœur correspond à ce que vous éprouvez vous-mêmes.

Quelque chose d'effaré reste dans notre cerveau; étonnés, nous cherchons la réalité!...

Le fait accompli ne s'est pas encore fixé dans notre esprit. Nous nous surprenons à nous croire le jouet de notre imagination.

C'est en sentant saigner nos cœurs, que nous nous persuadons qu'elle s'est envolée, cette grande, cette belle âme de la Martinique!...

Ce qui n'arrive jamais, sur la terre, s'est produit pour nous, pauvres Martiniquais, dans l'espace de quelques clins d'œil!...

On ne soupçonnait pas encore cette violence à la brutalité!...

Saint-Pierre de la Martinique n'est plus!... Comment donc faut-il le dire, pour le bien croire?...

Un souffle de mort a passé!... Quarante mille âmes se sont élancées vers le Ciel!!!.

S'il est vrai que la communion des âmes est un bonheur, la volupté de la Grande Ame Éternelle dut être grande, ce jour-là!!...

Ce foyer ardent, d'où rayonnait la belle lumière des Antilles, est un champ de cendres!...

Le monde est en deuil!... Il a pleuré, il pleure!...

La catastrophe de Saint-Pierre est un échec moral pour l'Humanité : l'évolution humaine a subi un arrêt. Quelque chose de grand — quelque chose de beau — qui se devait produire ne se produira pas!...

Toute cette force qui s'agitait, toute cette intelligence, en pleine éclosion, toute cette jeunesse qui s'épanouissait, répandant des parfums de poésie, de grâces, d'espérances hardies, toute cette enfance, fleurs d'amour, tout cela s'est volatilisé!... Mot terrible, qui eût dû paraître impropre, et qui, hélas! représente fidèlement l'horrible vérité!...

Et des mères futures, aussi, portant l'essence des rêves à venir, ont fait partie de l'incroyable héeatombe!...

> « Et la mort étouffant, dès le sein de leur mère,
> Les germes des humains !... »

avait déjà dit Lamartine, en apostrophant le Créateur.

Mesdames, Messieurs,

Quelque chose est changé, aussi, dans l'encyclopédie, dans la métaphysique, dans la Théologie même. On ne dira plus beaucoup de choses qui se disaient, avec quelque apparente raison.

L'Homme est inquiet. Le penseur, déconcerté, se demande ce que cela signifie. Le savant baisse la tête. Le public doute que la science existe. Le philosophe tient son front. Le matérialiste ébauche un sourire, plus navré que vainqueur. Le spiritualiste regarde le Ciel, y cherche Dieu. Le Prédicateur n'ose plus parler de la Providence. Les âmes pieuses, tremblantes, ouvrent plus timidement la bouche; les grains du chapelet gènent quelque peu leurs doigts. Et c'est indécise que monte vers le Ciel la fumée de l'encens!...

> Où donc est-il, ce Dieu que nous avons créé ?...
> . . . .
> Il laisse notre esprit sous l'empire du doute,
> Impression cruelle où tout vient s'abîmer,
> Et quand nous avons cru le voir sur notre route,
> C'était l'illusion qui venait nous charmer !

Notre imagination s'est pourtant plu à le rendre accessible à la pitié, sentiment si divin!...

Que peut-il?...

Nous l'ignorons absolument. Pour ma part, n'étant pas de ceux qui subordonnent l'existence des mondes et des êtres au simple fonctionnement des lois naturelles, j'affirme ma croyance dans un principe directeur.

Déconcertés, cependant, par les terribles révolutions géologiques qui troublent notre planète, nous pouvons nous demander si nous n'avons pas affaire à un apprenti créateur.

Que veut-il ?...

Mais personne ne répond!... Et nous devons nous contenter du silence!...

Les mondes, comme les individus, suivent la loi du mystère, et nul n'échappe à son destin.

L'esprit troublé, le cœur brisé, nous devons marcher toujours, poursuivre la conquête du bien, en dépit de nos incertitudes.

Cette résolution résulte de la sublime loi morale qui est en nous et à laquelle il nous plaît d'obéir, parce que nous sentons que le contraire serait le mal.

Nous restons inconsolés, nous tous, créoles de Saint-Pierre, créoles de toute la Martinique, qui, à la faveur de la destinée, avons cherché un abri sous l'aile maternelle de cette patrie généreuse, de cette France dont le monde a pu admirer l'incomparable amour pour sa pauvre fille des Antilles.

Assommés par la douleur, si nous cherchons des tombes, où aller pleurer, nous restons stupéfiés devant l'immense nécropole que n'eût pu même créer la sombre imagination d'un Shakespeare!!!...

O nos bien-aimés, avec tous nos cœurs, avec toutes nos âmes, il ne nous eût pas suffi, pour vous

faire un bouquet de toutes les fleurs du printemps
de cette terrible année 1902 !!!...

Messieurs,

Avec notre indicible douleur commune, douleur
patriotique, puisque nous pleurons l'irréparable
perte de notre petite patrie, nous subissons une
douleur plus intime, plus personnelle, plus lan-
cinante, hélas ! plus insupportable !... plus vérita-
blement humaine ! Après la douleur sociale, la
douleur familiale !... La civilisation a fait aimer la
cité ; c'est la natnre qui fait aimer la famille.

Nous pleurons héroïquement, noblement, sur
la ruine d'un peuple ; mais notre esprit s'égare,
notre cœur se fond, et nous redoutons la posses-
sion de nous-mêmes, quand l'objet pleuré s'attache
aux fibres de notre être personnel !...

Ne plus revoir, et savoir qu'on ne peut plus revoir ces êtres chéris que le cœur a caressés toute
une existence !... Quelle souffrance insondable !...
Quelle loi cruelle imposée par la nature aux
malheureux humains !...

Il est permis de parler de soi, des siens, quand
ceux qui vous entendent ont avec vous une telle
solidarité de souffrance et de larmes, qu'il leur
est impossible de ne rapporter point à eux et aux
leurs ce que vous leur dites des détails de votre

martyre. Une variation de faits, qui ne modifie en rien la grandeur du sentiment !...

Tandis qu'ils vous écoutent, l'évocation de leurs propres douleurs s'impose impérieusement. Votre voix frappe leur organe ; mais celle plus forte, plus puissante de leur cœur les absorbe. Vous les pouvez croire tout à côté de vous, ils sont auprès des objets bien-aimés que vous venez de rappeler indirectement à leur esprit.

C'est pourquoi nous allons tous, tous, hélas ! pauvres Martiniquais, rentrer en notre domaine personnel. Je vais parler de moi, je vais parler des miens. Vous allez transposer, comparer, penser à vous, penser aux vôtres.

Depuis le 9 mai dernier, ma vie est suspendue. Mon existence est toute mécanique. Le 8, le 9 de ce mois de mai 1902 : ces deux dates, en lettres de feu, sont écrites dans mon cerveau !... Le 8 : l'infernale catastrophe ! Le 9 : l'incroyable nouvelle !... Le 8 ! un baptême avait été la cause d'une grande fête familiale !... Pas une nuance de tristesse involontaire, pas un petit pressentiment !... pas un rêve !... Rien !... La quiétude !...

On pouvait encore croire à l'avenir, caresser l'espérance !... L'enfant n'avait pas encore souri ; mais, confiant en la nature, on était prêt à proclamer que ce petit visage sévère ne tarderait pas à s'illuminer !...

Le 9, à midi, je rentre au foyer familial, laissé calme. Dans la matinée, des chants, des rires avaient épanché la joie!... La joie!... Un peu affairé, je dis : « Mettons-nous vite à table. J'ai besoin de repartir aussitôt. — Tu ne sais pas ce qui est arrivé ?... me disent simultanément ma femme et une de mes filles, se dominant... — On dit que toute la ville de Saint-Pierre a disparu sous une pluie de feu, lancée par le volcan!... »

Alors, alors,... je ne sais plus rien!... Quelques instants après, j'étais dans la rue, appuyé contre un mur, gémissant. Des passants qui s'attroupèrent, étonnés, me rappelèrent à moi-même. Je m'enfuis. — Et... vous devinez le reste.

Comme vous tous, je fus constamment partagé entre les angoisses et l'espérance!... Le courrier du 25 mai me porta le coup fatal. Plus de doute, j'avais perdu cinquante-trois membres des plus proches de ma famille!...

Beaucoup d'entre eux avaient déjà leurs biens réalisés, les malles faites, hélas! pour prendre le paquebot de France du 10 mai!...

Mais, pourquoi ne pas le dire ?...

Nous avons assez souffert, pour avoir le droit d'avouer nos faiblesses... N'est-ce pas encore, ici, une loi de la nature?... Dans toute cette ville anéantie, dans les feux, dans les cendres de cet abominable volcan, parmi les quarante mille victimes, si intéressantes, si martyres, je ne cherchais d'abord qu'un corps, je n'appelais qu'une âme !... Et pourtant que d'autres avaient mon profond amour !...

Pendant dix-sept jours... dix-sept jours qui n'en finissaient plus, je me disais, je me répétais sans cesse, aiguisant toujours l'espérance : « Mathilde, ma sœur bien-aimée, qui a peur d'un petit coup de tonnerre, en voyant les ruines déjà causées par ce volcan, n'aura pas manqué de fuir, avec sa famille, à Fort-de-France. Mon frère qui habite cette ville, tenaillé par l'inquiétude, l'aura sollicitée de s'y rendre. »

Eh bien, non !... L'une n'avait pas peur !... L'autre n'était pas inquiet !... Et deux dépêches, plus une lettre, expédiées par l'insistance d'une belle-sœur chérie, restèrent sans résultat !... Et ma sœur infiniment aimée, son mari, cinq enfants périrent dans l'horrible catastrophe !... Deux jeunes filles, fleurs de jeunesse et de beauté, trois jeunes garçons, espoir de l'avenir, force future de la petite Patrie !... L'aîné des garçons devait subir, en juillet, les épreuves du baccalauréat ès lettres.

Et voulez-vous entendre quelque chose de navrant ?

Oh! oui, abîmons-nous dans la douleur !...

Vous allez voir comment une petite circonstance banale peut revêtir un caractère tragique.

Le 7 mai, à cinq heures de l'après-midi, — vous entendez! — le 7 mai! — Saint-Pierre, dans toute sa force de vie, ne disposait que des heures qu'accorde l'agonie fatale!... — donc, vers cinq heures du soir, le 7 mai, un ami de la famille, M. Morestin, — le frère de celui dont, avant longtemps, peut-être, la France sera heureuse et fière d'enregistrer la gloire, — se rendant au Morne-Rouge, passa devant les fenêtres de la maison de ma sœur, vit ses deux jeunes filles, rayonnantes de santé!... — et c'est à peine si la modestie m'interdit d'ajouter de beauté, — les salua amicalement, en leur disant : « au revoir!... » Vous sentez combien cela est simple et naturel!... Eh bien, ici, c'est la nature qui a détruit ce naturel!...

Un caprice de villégiature avait sauvé M. Morestin. — Un compatriote de plus, compatriote de Saint-Pierre! — Il avait dit : « au revoir!... »

Le lendemain, Saint-Pierre, domaine du silence et de la mort, *n'était plus visible!...* On se souvient de ces palais enchantés, où la puissance des fées endort tout ce qui vit!... Un geste, un sourire, une parole, une pensée, tout reste inachevé!!!...

On dit bien qu'il est beau, poétique, heureux, pour des familles entières, de finir ainsi tous ensemble. Certes, le cœur y voit un rêve, ayant passé jusqu'ici pour irréalisable!... Mais l'enfance, la jeunesse, l'âge viril ont droit à la vie, parce

que, de toute cette vie, l'humanité attend quelque
chose de beau, de bon, de grand!...

Avec Saint-Pierre, Messieurs, disparaît un type
de ville supérieure!... Son caractère était unique;
son esprit, son genre, ses manières, bien tranchés
dans l'île. Quand on disait, en créole comme en
français : « les gens de Saint-Pierre », on entendait
bien qu'il s'agissait là de la plus haute mentalité
de la Martinique. Il rayonnait au loin, étendait son
sceptre dominateur sur tant de lieues à la ronde,
qu'on peut dire que le Carbet, le Prêcheur, le
Morne-Rouge, et d'autres communes encore, re-
flétaient son esprit et vivaient de sa vie!...

Rien de tout cela n'existe plus!...

Dans les grands périls, se révèlent les grands
cœurs, se manifestent les grands dévouements.
Cette élite de l'humanité n'a pas manqué dans cette
inimaginable circonstance. En ce moment solen-
nel, où nos cœurs créoles se confondent, mon
rôle n'est pas de citer des héros et de faire des
éloges. Il est des cas où l'héroïsme est si naturel,
que citer des personnes et leurs faits, c'est émettre
un doute sur le caractère de la généralité.

Je dois dire seulement qu'une de nos grandes
consolations, à nous, pauvres Martiniquais, a été
de sentir battre contre le nôtre le grand cœur de
la France. Mère noble et bonne, elle a sincèrement
pleuré, profondément gémi sur la cruelle destinée

de sa pauvre chère petite fille. J'ai su que, à part
la dignité naturelle qui lui convient et lui donne
une mystérieuse auréole, la douleur pouvait être
fière, quand, me rendant au ministère des Colo-
nies, j'ai vu, souvent, le drapeau tricolore dans
cette noble attitude qui m'a fait penser à la mère
agenouillée, les mains jointes et comme abandon-
nées sur les genoux.

J'ai dit, avec émotion, à M. Decrais, combien
avait été touchante et pleine de réel amour, la
dépêche qu'au nom de la mère patrie, il avait
adressée aux populations de la Martinique.

Nous serait-il possible d'oublier jamais, malgré
l'universelle sympathie du monde, la place prise
par la noble et généreuse Guadeloupe auprès de
sa sœur blessée à mort !...

Dès qu'elle sut la fatale nouvelle, ses enfants,
nos frères et compatriotes, ont resserré les liens
intimes de la fraternité. Ses représentants sont
devenus les nôtres.

Ils ont toujours le cœur ouvert, la main tendue
aux Martiniquais. Ils sentent qu'en nous accor-
dant, maintenant, plus de sollicitude, ils ne ren-
dront pas jaloux leurs généreux mandataires et
que, tous, le sourire attendri sur les lèvres, ap-
prouveront la noble attitude de leurs élus,

Aux créoles qui résident en France, surtout
aux Martiniquais et aux Guadeloupéens, un devoir

s'impose : celui de la solidarité. Dans nos cœurs, nous devons jurer de nous aimer désormais davantage, de nous soutenir toujours.

Dans notre douleur immense, infinie, personne n'a osé prétendre nous consoler entièrement. Mais tel est le cœur humain, que l'homme abîmé par la souffrance, ne peut rester insensible aux sympathies.

Vous connaissez cette consolation navrante qu'on éprouve à voir un beau cortège derrière les dépouilles mortelles d'un être bien-aimé !...

L'élan simultané des peuples de la terre, vers la petite île éplorée, est un signe touchant d'universelle fraternité.

Dans ce siècle naissant, on aura vu la solidarité humaine s'affirmer.

Cette terrible année 1902 aura, du moins, avec les ruines stupéfiantes, la meurtrissure des cœurs, offert à l'admiration des générations futures, aux tablettes de l'Histoire, le spectacle grandiose de la sublime étreinte des âmes !!!

Charles IMBERT.

Paris, le 1er juillet 1902.

Paris. — Imprimerie F. Levé, rue Cassette, 17.

9 782013 349864